究極の人生成功の心理学

この本を今は亡き両親と姉に捧げる。

脇元　安

目次

序

「究極の人生成功の心理学」このタイトルでものしてみたいと思うようになったのは70歳になってからだった。実は筆者は10年前「素晴らしきかな人生」（1）をものし、自分なりの成功の方程式を書き上げたつもりでいた。しかし、実際は自己満足の内容で、あまり評判はよくなかった。曰く、文章が難しい、一般的でない、読む気が起こらないなど散々であった。そこで、生来の負けず魂でいつかは改訂したいとずっと思っていた。その後、馬齢を重ねて64歳で人並みに癌を患い、遂に70歳過ぎ、後が少なくなって、漸く新版を出すことを決心した次第である。皆さんの参考になれば幸いである。私の結論は至極単純で、すべての人は幸福になれる、である。実は、その手の成功本は数多ある（D・カーネギー（2）、アンソニーロビンス（3）、ナポレオン・ヒル（4）、スティーブン（5）、ゲイリー（6）らを初め一〇〇〇以上あり、アメリカに特に多い）のに、多くの人はその類いの本をそもそも読もうとしないし、結果その方法を知らず、また折角読んで感銘を受けても、大抵その方法を実行することはなく、結果人生の成功を果たせず、日々不平をかこっているようだ。

ところで、20歳半ばより精神科医師として多くの患者さんをお世話してきたが、大抵の人は知的でも身体面でもほとんど問題はないはずなのに、人生で満足していない方が多かった。その理由は何なのかを筆者なりに考えてきた。それらの理由は数多あるが、各人に共通するものがあるのではと次第に気づいてきた。それらは、自分を好きになれない、自分の未来を信じたくても信じられない、日々自分にマイナスの言葉を吐き続けている（悲観的傾向）、成功体験が少ない、褒められることが少ない、自分を褒められない・信用していない（自己肯定感の低さ）、あきらめが強い、孤立傾向、自分が最高の「ひと」に生まれさせて頂いたことへの気づき・感謝の念が少ない、神を信じていない、自己の中に内なるメンターがいない、人に頼ることが苦手、孤立傾向、人脈が弱い、笑いが少ない、執着心に乏しい、自分の成功を想像できにくい、運動・睡眠が少ないなどであった。患者さんの多くは、不安、うつの強い方でそういう思考パターン、行動パターンは致し方ない面はあるが、しかし、これでは折角生物最高の霊長類に生まれさせて頂いた甲斐がないのではと日々思っていた。いつしか、人生の成功とは何か、その達成方法とは何かを自分なりに考え、10年前の拙著（1）につながった。

あるいは、自分は平凡な人間であるが、多くの人の協力を頂いて自分なりに努力して、そこそこの人生を送れ、人として生まれてよかった、蝸牛の如き歩みだったが、長年考え続けて、なんとか低レベルながら先ずは己を救えたと思う。次には人様のためになることだと思い、お世話になった患者さんたちにも他の人たちにも、人に生まれてよかったという感慨を持って頂きたいと切に思うようになり、前著に続いて今回この本を出すことになった。さて、人と生まれて本当の喜びというものはあるのだろうか。筆者はあると信じている。それは、人として生まれさせて頂いたそのことが本当の喜びなのだ。それに気づいて生き生きと生きて、最後に笑って死ねる人はそう多くはないだろう。

ところで、いわゆる成功した人生の確率は、筆者は恐らく全体の2割程度ではと思う。大部分の人は自分の人生に満足しておらず、不満ばかりの、感謝の念の少ない人生を送っておられるようだ。しかし、一人で悩まず、あきらめることなく、人生に成功した人に謙虚に学び、自分も必ず成功するはずという信念をもち、しつこく挑戦するのがいいだろう。若い人には、老人の知恵を得よ、といいたい。誰でも年を取れば多少は賢くなる。その知恵を若い時に獲得すれば鬼に金棒である。学ぶものは賢くなり、結果人生の成功者となるだろう。一生学び続けろ、という識者はアンソニーを初め数多くいる。

筆者は脳の専門家であるが、知能検査をするとIQ90から110のいわゆる正常範囲に何割の人が入ると読者は思われるだろう。多くの人に尋ねてきたが、ほとんどの人がうまく答えられなかった。答えは7割である。0歳時点では皆、頭はさほど変わらない。しかし、結果はどうだろう。生まれて10、20年経つとそこに雲泥の差が生じてしまう。人生スタート時点では全員1ミリの差もないはずなのにこの差はないだろう（ちなみに脳の働きを正確に測定する知能テストは実はまだ完成していないという。知能は複雑すぎるようだ）。是非、成功の秘訣を先ずは知って、自分も成功するのだと決心してほしい。先ずは成功を思わないと何も始まらないだろう。以下、成功の条件とともに不成功の理由も述べてみたい。

1　成功の定義

この定義は恐らくなく、人の数あるといってもよいだろう。アンソニー（歴史上最高のカリスマコーチ）（7）は成功についてこう述べている。

成功とは正しい判断の結果であり、正しい判断とは経験の結果である。そして経験　とは多くの場合、たくさんの間違った判断の結果である

という諺を紹介している。

別の場所では

僕にとって成功とは、非常に大きな快感を感じ、痛みはほとんどない日々を送ること　42p

と言っている。

ナポレオン（4）は多くの成功エッセンスを紹介している。

成功とは、他人の権利を尊重し、社会主義に反することなく、自ら価値あると認めた目標「願望」を黄金律に従ってひとつひとつ実現していく過程である　16p

成功した人間は、人生の道程のどこかで必ず自分の望みとおりの生き方を発見しているものである　18ｐ
成功意識に満たされた心は，すばやく有能な働きぶりを示す　52ｐ
どんな人間も、自分の人生を生きる必要がある　90ｐ
潜在意識に力の限界はない　119ｐ
多く与えるほど、多く戻ってくる　138ｐ
成功とは自分自身の人生を生きること　390ｐ
心の中に富を築こう　392ｐ
あなたの心には、願望を実現させる無限の力がある　393ｐ

など正に人の心に希望を差し向ける多くの成功方程式を紹介してくれている。

ところで、成功本、啓発本の多くの著者たち⑧は大抵同じことを言っている。それらは、まず自分を信じ、成功を思え、思考が人を変える。思考は必ず紙に書き、時々読み上げよ、次にすぐ行動せよ。成功人から学べ、マイナスの言葉を吐かない、失敗をしてもめげるな、人のために行動せよ、あなたは必ず成功するはず、などなどであった。

さらに追加すれば、全てに感謝し、生きる意味を知り、人のために生き、満足・充足する生き方を目指せであった。私の場合は神・仏に恥じない生き方を心掛け、自分がある程度満足し、人のためになったと思えることである。人の一生は短いが、人として生まれてよかった、自分なりに十分生きた、死ぬときに自分自身を褒めてあげたい、笑って死にたい、そういう生き方である。人によっては、金を儲けたい、有名になりたい、仕事に学問に趣味に命を懸けたい、愛する異性に我が子に尽くしたい、社会貢献をしたい、信じる主義・宗教に殉じたいなど多数あろう。いずれにしろ、満足感がトップにくるだろう。先述したように、成功について論じた本は多い。宗教関係、倫理学、哲学、思想、経済界、教育界、啓発関係その他から多数出ている。今から筆者の述べる成功の方法論は、屋上に屋を重ねる愚ではあるが、心理屋（深層心理学専攻）として従来なかった分野から多少言えるのではと思い、敢えて述べてみたい。

2　究極の人生の成功方程式

筆者の考える究極の人生の成功の方程式ベスト26を述べる。

1　死を常に考え、死ぬ瞬間を想像し、死ぬ間際に後悔の念をなるべく少なくする生き方を常に考え続ける（死を忘れるな）
2　人として生まれたことを喜び、天に神仏に感謝する
3　自分を愛する、好きになる
4　自分を自分の未来を自分の成功を信じる（思えば夢叶う）
5　生きる意味を知る
6　成功者を真似る
7　まず思え、次に迅速に行動せよ（do it now トム・モナハン（4）413p）
8　いつも笑顔でいること
9　体力・気力の充実（運動の勧め）

10　人のために生きる
11　人に愛される（人脈、金脈、血脈）
12　老人の知恵を若い時に身につける
13　一生学び続ける、
14　虚無主義・皮肉主義に染まらない
15　楽観的であれ、焦らない
16　真面目であれ
17　素直であれ
18　人と自分を比べない
19　あきらめないこと
20　チームを作ること（一人では何もできない）
21　1万時間の法則を知り、実行すること
22　敵は己にあり。失敗は全て自分の愚かさ、怠惰からくる。

23　里の道も一歩から
24　失敗を恐れるな
25　前ばかりを見よ。過去を振り返るな。
26　組織に埋没するな。機会があれば企業するぞ、という精神を持とう。

以下、述べていく。

1　Memento Mori（死を忘れるな）

成功の方程式の第一はこれである。死を常に考え、死ぬ瞬間を想像し、死ぬ間際に後悔の念をなるべく少なくする生き方を常に考え続けることが大切である。それができる人は有意義な人生を送れるであろう。成功した人は概ね人生を惰性的ではなく、計画的に生きている。孔子先生の有名な人生訓⑨がある。

吾十有五にして学に志し。三十にして立つ。四十にして惑わず、五十にして天命を知る。六十にして耳順う七十にして心の欲する所に従って矩を超えず。

筆者の少年時代はまだ孔子先生が影響を与えていたが、筆者も孔子先生に倣って人生を生きてきた気がする。少年時代に誓ったことの半分は達成できた気がしている。ところで、筆者は小さい時から死を常に考えてきた。ひとに生まれてきたことは天に神に感謝してきたが、愛するべき自分がいつかはこの世に別れを告げなければならないことが到底信じられず、一時はなぜ神仏は私をこの世に遣わしたのかと彼らを恨んだことがある。いっそ生まれてこない方がよかったと悩み、さまざまな思想、宗教をまさぐり、遂に仏教によって救われた。死は必定、しかし命は永遠、死は錯覚なり、の教えに出会い救われた。慈悲の心も学んだ。今は笑って死ねる境地にある。さて、死を常に考えている者は強い。恐れるものがないのだから、目標に向かって前に行くだけだ。私の目標は己を知る、神の摂理を知る、人への御奉公である。生きている限り、自分なりの力量で力の及ぶ限り人に尽くす、これを是としてきた。勿論、世俗的な欲は人並にある。お金もそこそこ儲けたい、長生きしたい、愛する家族のために友人の為に尽くしたい、ゴルフももっとうまくなりたいと人並に思う。しかし、人様への御奉公が最大である。そういう目標を持てて、今まで平凡ながら生きながらえてきたことに天に神に家族、親戚、恩師、友人ら、元同僚たちに感謝している。さて、読者は自分の人生に何を望まれるのだろう。恐らく、充実した、誇りある、胸を張って歩ける、人に愛される、生活もそこそこの人生が望みであろう。それを既に達成している方はこの本をスルーして頂いてよい。そういう方は、願わくば自分の充実した生き方の極意を、まだ充実していない人生を送っている方に、特に若い人に伝導師として伝えてほしいと思う。

さて、死を常に考えるとその人にとっていいことが起こるだろうか。私は起こると確信している。毎朝目覚めた瞬間に、俺の人生は今日の夕方までと想像すれば、その人はその日を真剣に生きるだろう（ジョブス（10））。否、生きざるを得ないだろう。そして、次の日の朝、目覚めた時にああ俺はまだ生きている、今日も頑張るぞ、と張り切って生きていけるだろう。それがきついのなら、死をたとえば10年後、20年後に設定して、人生プランを作ってみよう。5年後、10年後、20年後、30年後、40年後の目標を紙に書き上げ、どこかに貼っておく。それを月に1回は見ながら真剣に日々を生きていく。そうすればその人の人生は、当然充実したものになるだろう。感謝とご恩返し、人生はこれに尽きる。ゲイリー（11）は、死ぬときに人間が後悔するのは何も成し遂げられなかったことではない。挑戦しなかったこと、辛くなった時に全力を出し切らずにあきらめてしまったことを後悔することといっている。私たちは命ある限り、全力を尽くそう。結果がでなくてもその人は満足できる。挑戦こそ人生であろう。

ところで、ゲイリーは人間は思考ではない、あなたという人間を決めるのは、頭の中にあるものではなく、行動であると喝破されている。人生を変えるには行動あるのみといっておられる（129p）。確かに、大抵の人間は頭では色々考えるが、如何せん行動が伴わない。思うより行動である。長谷川ミナ（12）は、行動心理学にはモーション（行動）はエモーション（感情）を生むという言葉があると紹介している。じっくり考えるのもいいが、まず行動していくと、感情（意欲、前向きの心、自信、充実感など）が後からついてくるという意味である。彼女も言葉より行動が大切と述べている。しかし、ある程度の目標を掲げないと、人は頑張れない。思うことはやはり大切であろう。まずは思え、その後に迅速に行動せよ、が正しいだろう。

ところで、アンソニー（13）はその日に学んだことを最低一つ記録せよと言っておられる。筆者はそれを聞いて、毎日ノートに最低一つ学んだことを書いているが勉強になる。後述する学び続ける姿勢につながる。何より、死を念頭に置いて行動すると、真剣に生きられるだろう。終わりのあることを知る者は強い。野球は9回まであるが、人生は1回表で終わる。輪廻転生、また人間に生まれ変われるというのはこの世の最大のフェイクである（人間以外にはあるいは生まれ変われるかもしれないが）。死んでも後があると思い、のんびりやらないことだ。いくら不平不満があろうとも、現有勢力で頑張るしかない。一方、焦ってもいけない。

2　人として生まれたことを喜び、天に神仏に感謝する

これは拙著（1）に詳述しているが、この世の一〇〇〇万種ある生物の中でも、人がありがたいことに最高の生き物である。人は神を知ることができる。言葉を持っており、思考し、哲学を持っている。芸術も持っている。人は最高の生き物、ホモ・サピエンスである。そのひとに生まれさせて頂いたことは実は奇跡なのだ。美女美男に生まれなくても問題はない。知恵遅れでもいい。人は神を知ることができる唯一の生き物である。感動を知っている生き物である。しかし、多くの人間は実に不平不満ばかりを述べている。

天に神に感謝する人間は現代では少なくなった。ニーチェが２００年前に嘆いたように神は死んだと大錯覚して、自分で転び、生きる喜びを見出せず勝手にのた打ち回っている。愚かなことである。昔の人間の方がよほど賢かった。彼らは運命を、自然に神に一任して素朴に生きていた。ひねくれてないなかった。皆力を合わせてして生きていた。現代はビート・タケシ風のひねくれた人間が偉いとされる奇妙な時代ではある。もっと素朴に自然に生きよう。太陽崇拝でもいい。もっと自然を崇めて生きていこう。

3　自分を愛する、好きになる

一般に人生が少しうまくいかないとすぐ悲観して、どうせ自分は駄目だ、何をしてもうまくいかない、生まれてこない方がよかったと思う人のいかに多いことか。人によっては、生まれがよくない（親ガチャがよくなかった?）、金持ちの家に生まれればよかったのに、女性なら綺麗な顔で生まれたかった、こんな顔では人生うまくいくはずがない、ああ損した、今度生まれてきたら、美人で金持ちの家に生まれたいなどと大した努力もしないで、自分のことは棚に挙げて恨んでばかりの人がいかに多いことか。

そこには、親に社会に小さい時からいかにお世話になっているかの気づきに乏しく、人として生まれさせていただいたことへの感謝の念に乏しい。恨みばかりの他人・環境批難の人生からは成功はおぼつかないだろう。拙著（14）で「人と比べず、妬まず、そねまず、恨まず、いじけず、ひねくれず、自分のペースで生きよ」と書いたことがある。現実には、人は往々にして他人と自分をつい比べ、己の足りなさに愕然として意気消沈し、さらに努力することをあきらめがちのようだ。比べてはいけない。敵は己にあり、である。（本著18章「比べるな」）

ところで、自分を愛せよ、といわれても面食らう人が多いのではないだろうか。大体、日本では子どもはあまり褒められて育たない。けなされて大きくなる人が多いようだ。結果、自分を愛する力が弱いような気がする。これは筆者の1万人の臨床体験からもいえよう。ある人がアメリカ人の若者に自分を褒める言葉を聞いたところ、彼は数多くあげたが、逆に悪いところはと尋ねたところ、ないねと答えたとか。同じ質問を日本人に尋ねたら、自分の悪いところばかりあげて、いいところはほとんど挙げられなかったとか。日米の教育の差がそこに現れているようだ。

そもそも、日本は褒める風潮に乏しく、叱ってけなして育てる意識が強い。体育会系という筆者の嫌いな日本の伝統があるが、まさに職場、会社、学校、スポーツの世界では若い社員、学生をけなし、いじって扱う。けなされた側は耐えに耐えて、大人になり先輩になり、今度は攻撃側になって立場の弱い者を苛める。苛めの連鎖である。昔陸軍、今会社（学校も入る）とよくいわれる。旧陸軍の苛めは有名で、新兵の自殺は結構あったという。一方、プロシャでは200年前軍隊の苛めを禁止したと聞いたことがある。己を愛せよ、はある有名な人がおっしゃっていたが、筆者は大切な言葉だと思う。日本ではそれを実行するのはかなりきついことだが、何年かかろうとも自分を最後には愛さなければいけない。なぜなら、自分という存在は宇宙開闢以来、最初で最後の存在であり、2度とこの世に存在しない、何ものにも代えがたい存在だからだ。輪廻転生は残念ながらフェイクであり、一回きりである。自分に数多の不満はあろう。しかし、宇宙に一つしかない存在なら愛するしかない。手足がない人がごく稀におられるが、乙武氏（15）も外国のニック・ブイチチ氏（16）も立派に生きておられる。手足の揃っている五体満足の私たちは何と恵まれていることか。第一、日本人は、自分の体、心は90％以上まともな存在であるのに、自分の欠点ばかり見ようとする悪弊がある。自分の健康なところをもっと見てあげよう。自分の体の60兆の細胞たち（17）に感謝の念を持とう。そして、それらを作ってくれた親、社会、ひいては地球にも宇宙にも神にも、あるいは私たちに日々エネルギーを与えてくれる植物、食べられる存在の動物たちにも感謝の念を持とう。感謝こそ人生といえよう。恨まず、まずは感謝。それを続けていくとその内ようやく自分を許し、愛せるようになり、笑えるようになる。生きているのが遂に楽しくなる。そして、不完全な自分を己自身が救おうと思い、それを実行した後には、人様のために生きようという気持になれるだろう。かけがえのない自分の存在、それを知り、好きになろう。自己愛、それは悪い言葉ではない。自分が好きで好きで堪らないというレベルまで好きになってみよう。そうすると、自分の中に潜んでいた素晴らしい才能が、あるいは菩薩心⑱が漸く顔を出してくれる。

重複気味だが、そもそもなぜ自分を愛さなければいけないのだろうか。それはこの果てのない宇宙の一惑星の奇跡の星地球で、霊長類のひとに奇跡的に生まれさせて頂き、自分という存在はこの世界でたった一つであること。この愛すべき自分は最初で最後、今後生まれ変わりはないこと。この命は奇跡そのものであり、細胞の一つ一つには奇跡の営みが日々、否毎秒ごとになされており、そこに神が宿っていること、たとえ色々不満があろうともこの自分で生きるしかなく、他に変身などできないこと。私たちの祖先は少なくとも数万人はいることなどからである（拙著（1）参照。ＤＮＡの連鎖を思い出そう）。「変身」はカフカか仮面ライダーしかできない。筆者自身、ちびで足が太い、顔が男らしくない事などから、小さい時から自分を愛せず鏡を長く見れなかった。漸く40歳過ぎて鏡の中の自分をちらと見られるようになった。自己愛がようやく芽生えたのだろう。今でも自分の顔を十分好きになれないでいる。しかし、自分の存在はこよなく愛している。人は天使にも悪魔にもなれる不思議な存在ではある。自分の中の不思議な力を引き出そう。そのためにこそ私たちは人の形を与えられたのだ。己をまずは救い、エゴイズムを克服し、その後、多くの困った人たちに菩薩業をなそう。それこそ、最高の喜びであろう。

4　自分を、自分の未来を、自分の成功を信じる

世の中で成功している、あるいは過去成功した人たちを自分なりに研究してきた。彼らは2章で述

べた自分が好き以外に自分を信じる、に至っている。彼らは不遇の時、一時は神を自分を呪っても、それは一時的ですぐ回復し、自分を将来を神を運命を信じられるようになっていった。私たちの身体は成功するようになっている（アンソニーも似たようなことを述べている）。だから、今は恵まれていなくても、あきらめないでぼつぼつ真面目に生きていけば必ずいいことが待っているはずだ。不信、あきらめからはいい将来は訪れない。妬み、そねみ、いじけ、ひねくれから距離を置き、一人で悩まないでチーム○○（自分の名前を入れて下さい）を作って生きていくことである。先述したように、五体不満足でも立派に生きている人たちを筆者は何人か知っている。彼らは筆者にとって生き神様である。筆者が何かの拍子で追い詰められた時、彼らの顔を思いだし、彼らの勇気をもらい、また元気を取り戻し、厳しいこの世に再び漕ぎだしていける。彼らに筆者は感謝している。

そもそも人間は一人では何もできないであろう。人間の特徴は群れること（19）であり、一人一人の力は弱いが、群れて助け合い、結果、マンモスにも打ち勝ったと聞いたことがある。親兄弟は勿論、親戚、友人、教師、職場の同僚、カウンセラー、ラインでの友人など味方は結構いる。頼るのは恥ではない。頼り上手になろう。頼って自信を取り戻し、己を自分の未来を信じよう。成功する自分をイメージしよう。悲観主義に染まらないことだ。神・仏は必ずおられる。彼らは忙しい。その内、こちらに目を向けて下さるはずであるのでじっくり待つことだ。その間、努力が大切だ。今は成果がでなくても、あきらめないで耐えてじっくり生きていけば、花開くときが必ずやってくるはず。あきらめからは何も生まれない。自分を見放さないことだ。絶望は死に至る病（キルケゴール）(20)、絶望は愚か者の結論である。

自分の成功を信じる（思えば夢叶う）

成功のためにはまず自分を好きになる、次に自分を信じる、である。これらは両輪である。次いで自分の成功を信じる、である。思えば夢が叶うのである。ゲイリー(21)は自分にどんな言葉をかけるかでその人の人生は決まるという。プラスの言葉をかければいい人生に、マイナスの言葉をかければ悪い人生に行きやすいということである。彼は言葉を大切にしている。別の個所では、彼は、実はあなたはもうすでに人生に勝っている、と述べている（55 p）。たとえ、恋愛に破れても途中まではうまくいっていた、素晴らしい時を相手と過ごすことができたからと述べている。結果に関わらず、その体験を感謝しようということだろう。たとえ人に反対されても、信じるところを実行していくことだ。

迷いを振り切って、勇気を出して、自分の思うところを始めるわけだが、実際はなかなかうまくいかないことがあるだろう。よくよく考えて始めたと思ったが、進んでいく内に、次々に難問が降りかかってくるだろう。実は、最初からうまくいく人は少ない。ジョブス（23）だって挫折を知っている。しかし、何度も挑戦する不屈の精神が、最後にはその人を導く。運、仲間の協力、体力、気力、金融の協力も含めて必要である。しかし、まずは挑戦することである。己を信じ、失敗を恐れず挑戦しよう。結果は二の次である（仲間の必要性については後述する）。

〈思えば夢叶う〉

成功の条件は多くあるが、まずはそれを思わないと話にならないだろう。その際、出来るだけ高い目標を掲げることだ。次に行動である。たとえば、大学であるが、日本人はまずは東大という。しかし、これでは世界に伍していけない。欧州の人はまずは世界一を目標にする。国同士が陸続きだから、生まれた国の一番を目指さず最初から世界が目標だ。芸術はまだ欧州が世界一だが、その理由に彼らの高い目標がある。日本人は見習わないといけない。大部分の成功本にまずは思え、とある。思考は現実化するとナポレオン・ヒル（23）は述べていた。逆に、思ってもどうせ実現するはずがない、現に今まで自分の思ったことはほとんど実現しなかった、もう思わないとあきらめている人がいかに多いことだろう。ジェリー・ポラスらは（24）世界中の成功した200人以上に10年かけてインタビュウーし、成功の要諦をまとめている。体の不自由な人の成功談も入っている。そこにも、まずは思えとある。絶望からは何も生まれないということだ。自分が自分を信じないでどうするのということだろう。他人は大抵辛辣である。そういう他人のいうことにはなるべく耳を傾けず、己の内なる声（仏性ともいえる）に耳を傾けよう。ゲイリー（25）も内なる声に耳を傾けることの大切さを述べている。人には言わせておけ、今に見ろ、という精神が大切だろう。自分を信じて自分の成功を思い、焦らずぼちぼちいくことだ。

5　生きる意味を知る

これについてはこの本の各所で、あるいは拙著（1）（副題：人として生まれたことの本当の喜びについて）でも述べている。実は、人間に生まれたことの最大の理由はこれを知るためである。稲盛氏

(26)も同様のことを述べている。しかし、多くの人はそれに気づけず、恨みを抱いてあの世に旅立つ。筆者はデスマスクの研究をしてきたが、安楽な死に顔にはほとんど出会ってこなかった。

大抵、恨み顔であった。筆者はどのような死に顔になるだろう。自信はないが、笑ってあの世に旅立ちたいと切に思う。生きる意味、これほどの難題はない。平凡な筆者が敢えて述べれば、ひとの形を与えられたことの意味を知り、天に宇宙に神に感謝する、この宇宙の理を知る、神仏に出会う、自分とは何かを知る、生きる意味を知る、素晴らしい異性に出会う、友人に出会う、恵まれない人たちの力になる、であろう。そこには間違っても絶望などない。意味があると信じ楽観的に生きていく、間違っても絶望、虚無主義に行かないことである。この世で最も恐ろしいことは虚無主義(筆者論(14))、唯物論に染まることである。神仏のいない世界にいかないことである。生きる意味はあるのだと信じて真剣に生きていくことだ。疑ってはいけない。

6　成功者を真似る

大抵の成功者は、既に成功した人たちから多くのヒント、示唆を得て、それらを応用し、自分を信じ、誰よりも頑張り、人・友にも恵まれ、結局成功している。多くの成功本（アンソニー（27）他多数あり）でも大抵同様のことを述べている。要するにパクればいいのだ。国レベルでもそうである。日本がアメリカ、欧州に学んで追いついたように、日本に続いて韓国、中国、他のアジア諸国も今度は日本をパクって急成長し、既に日本の一人当たりＧＤＰを追い越している。個人レベルでも大いにパクれ、である。但し、そんなことはわかっている、ただ、その方法がわからない、ガッツが湧かないという声が聞こえてきそうである。やはり、既に述べた、死を忘れるな、己を好きになれ、自分を信じろ、成功を確信せよ、最後は体力・気力等が大切になってくるようだ。実は成功の方法はスポーツの上達法と一緒ではないかと筆者には思える。Testosterone（28）も筋トレの大切さを述べている。実は筆者は小脳が悪いのか運動音痴である。しかし、練習の虫であり、ゴルフは最近再開したが、練習は好きで漸く3年で１００切りを果たした。負けず嫌いでもあるので練習は気にならない。結局、１万時間の法則（詳細は後述）である。練習時間の長さに正比例してスポーツはうまくなる、である。語学、試験勉強もそうである。人生の成功もそうであろう。ひたすら、成功者の真似をしながらこつこつやっていく内に、コツがよくわかり、最後の成功に行きつくわけだ。汝、疑うことなかれ、である。「金持ち父さん、貧乏父さん」(29)この本は実に興味深い。著者ロバート・キヨサキは二人の父を持っているが、高学歴でいい会社勤務のインテリ父さんと、学歴はないがEQの高い本当に賢明な父さんの二人に著者は学んでいったのだが、金持ち父さんは実は非インテリ父さんである。その理由は非インテリ父さんはお金を増やす方法を知っており、それを実践してお金持ちになった、一方、貧乏父さんは社会的地位は高く、収入もかなり高かったが、お金持ちではなかった。その理由は高学歴父さんは利殖の方法を知らなかったからだという。確かに収入の高い人が皆金持ちかというとそうでもない。利殖の方法を知らないといくら稼いでもお金持ちになれないのだ。本当に示唆に富む本である。特に日本では、いい大学、いい会社というレールの敷かれた人生が成功物語だが、アメリカは必ずしもそうではないようだ。自分の才覚を大切にしている。この理由はアメリカが大陸とは異なるフロンティアの国だったという歴史が絡んでいる。王侯諸将いずくんぞ種あらんや(陳勝・呉広(30))の実力主義の精神に満ち満ちた国である。当然と言えば当然であろうか。日本は明治以来現在も、いい大学、いい会社というサクセスストーリーが優勢であったが、最近その雲行きが怪しくなりつつある。人真似ではなく、個性を重視し、大学で起業を体験したり、デスカッションが重視されるようになったり、従来のひたすらAを目指していつも最前列で真面目に講義を聞くというスタイルが減っているようだ。実力主義大いに結構、世界中が競争に満ちている現在、学校秀才だけではよくないだろう。自由な発想で生き生きと生きていく、そういう姿勢が今求められているようだ。（先の大戦の大敗北の原因は、実は学校秀才たちの実社会に出てからの不勉強にあったと聞いたことがある。あるいは政府高官は東大卒業時の席次のとおり出世していき、卒業後の精進努力は全く顧みられない伝統があるという。誠に愚かな制度ではある。米国はそのような愚かな方法を取らない。実力主義であり、実力をきちんと評価できる国である。）

7　まず思え、次に迅速に行動せよ

成功する人はまずは強い信念がある。次に迅速な行動力がある。彼らは金儲けのために起業するのではない。社会、人のために起業するのだ。最初は度々失敗するだろう。しかし、彼らは簡単にはあきらめない。失敗から学び、ますます信念を強くし、飽くなき前進を続ける。僕の前に道はない、僕の後に道ができる（31）の精神でひたすら前進していく。次第に彼（彼女）の考えに賛同する人が増えていき、大きな道ができ、最後は偉業を成し遂げる。アンソニー（32）ら（ゲイリー他）は行動の大切さを何度も述べている。

思うことは誰でもできる。しかし、実際に行動に移した人は極めて少ない。彼はガンジー、ローザ・パークス（アメリカ公民権運動の母）の例を挙げている。二人の信念はとても強いものがあり、誰もそれらが成功するとは思わなかった。しかし、どうだろう。最後には彼らの信念は見事に達成され、私たちに、思えば夢叶うを身をもって教えてくれた。マザー・テレサもそうであろう。私たちは彼らの勇気に学び、希望を思い、そして行動することを心掛けよう。成功には勇気が、怯むことなき心が必要だ。次に行動が要る。己を信じてぼちぼちいこう。

8　いつも笑顔でいる

実は笑いは生理学的脳科学的に効能がある（34）とわかっている。笑うとしあわせホルモンが出るそうだ。実際よく笑う癌患者は延命率が高いことがデータで既に証明されている。癌学会では笑いが癌にいいとわかっており、笑いを推奨し、癌専門の外来で皆で笑うセッションがあると聞いている。苦しい時こそ笑え、である。後、運動もいい。これについては次の9章で述べる。

9　体力・気力の充実（運動の勧め）

これはいわずもがなであるが、最後はこれらが最もものをいう。成功する人は勿論体力・気力が充実している。生まれつきこれらが充実している人は幸いであるが、そうでない人はどうしたらそれらを獲得できるか。とにかく規則正しい生活を送ることである。よく眠り、よく食べるに尽きる。成功する人は大抵健康だ。しかし、例外は勿論ある。身体不自由でも成功した人はおられる。

ところで、最近若者に不規則な生活を送っている者が多いが、既に戦う前に人生を降りているのではと筆者は心配している。スマホ依存（35）も喫緊の問題である。しかし、人生から早めに降りている若者には、スマホは隙間を埋めてくれる格好のアイテムなのであろう。第二の核（ヘロインとも）（34）といわれるそれは現実逃避には役立っているようだ。規則正しい生活といえばカント（36）を思い出す。彼の時計のような規則正しい生活は有名である。他の偉人も概ね、そういう生活を送っていた。自分をコントロールする術を身につけることが大切である。実は、それを身につけることは誠に難しい。しかし、それを実行しないと人生の成功はおぼつかない。そして、コントロール力を身につけると、本来わがままで怠け者の自分を制御できた喜び（煩悩を制御する（37））でその人は一皮剥け、大きな自我を獲得し、その後の人生を余裕を持って生きていけるだろう。しかし、煩悩に打ち震える自分をコントロールすることほど難儀なものはないが。体力をつけるにはまずはよく眠る、これに尽きる（38）。睡眠中に種々のホルモンが充足されるし、代謝が改善され、老廃物質も除去され、疲れも取れる。生理現象も改善される。逆に不眠はそれらを満たしてくれない。最近、若者の不眠が危惧されているが、正しい睡眠を取れないとお先が暗くなる。しっかり睡眠をとろう。専門家に相談するのもいい。また、少しの運動もよい。アメリカの有名なジョン博士（39）は運動は脳を改善し（血管成長因子他を作り、結果新しいニュウロンを作る）、その結果元気が回復する、各種病気（不安、うつ、発達障害他）、老化防止にもそれはいいと述べておられる。抗老化作用もあるという。1日5分でもいい。毎日運動を続けるのがよい。そして、体力がつくと、交感神経が十分働き始め、各種元気ホルモン（セロトニン他）が十分泌され、前向きになり、元気がでてくる。健全な心は健康な体に宿る、という有名なフレーズがあるが、真実である。免疫力をあげ、風邪をひきにくい身体をまず作ろう。気力であるが、漢方医学（40）では元気とは気が十分あることといえる。気を充実させる方法であるが、これも実は規則的生活、特に十分な睡眠がたいせつである。次には正しい食事である。甘いものを避け、糖質を少なく、野菜、海草、豆腐、魚、動物性蛋白質を十分とることである。噛むことも大切である。最近、日本の若者は噛むことを知らない。余りに回数が少ない。結果、落ち着かない子が増えているが、噛む回数が健康に関係しているという報告すらある。後、呼吸法（41）もいい。呼吸法をマスターしたら、気功法、ヨガ、エアロビクス、マインドフルネス、合気道、空手、古武術などにも挑戦してみよう。実は、先ほど述べたほどよい運動が気の充実にはよい。運動は体、気の双方に効果的である。体力・気力の充実には王道・秘策は実はない。当たり前のことを粛々とやっていくことである。規則正しい生活、これに尽きる（参考：貝原益軒　養生訓）。

10　人のために生きる

成功した人の人生に共通するものは多々あるが、10番目の人のために生きるは実はトップクラスであろう。彼らは自分のためになど生きていない。利他愛（42）で生きている。お足はその結果である。ここのところがわからないとその人は人生に成功しないし、金持ちにもなれない。お金は所詮結果であろう。ジェリー・ポラスら（43）は人生に成功した人たちは、大抵お金より他のものに充実感を抱き、誠実に生きていたと紹介している。彼らのいう成功とは個人的な充実感と変わらない人間関係を与えてくれる、そして自分たちが住んでいるこの世界で、自分にしか出来ない成果を上げさせてくれる、そんな生活や仕事を成功という82pということのようだ。金儲け目的で起業しても大抵儲からないのだ。大金持ちの親が子どもに事業を譲る時、息子・娘に何を託すか。それは世のために為せ、従業員を大切にしろ、次に顧客を大切にしろである。決して株主の為、自分のためになどとはいわない。しかし、人のために生きろといわれて、素直に従える人はそういないだろう。どうしても人は自分が可愛いし、欲が深い生き物である。本能的に自分を家族をファーストに考えてしまう。史的唯物論者はそういう人をプチブルといって軽蔑していた。しかし、それは実は大切な気持である。まずは家族を大切に思える人が世のために尽くせる。他人への愛と家族への愛は実は連動している。どちらも大切に扱えばいいのだろうが、どうしても特に日本では家族が犠牲になってしまうようだ。また、日本の会社がそれを強いるところがある（社畜という日本独特の言葉さえある）。また、家族を大切にする男性を軽んじるところがある。欧米ではそれほどでもないようだ。

さて、他者愛は日本では利他、西洋では愛であるが、実際どうしたらそれを果たせるのか。さとうみつろう（44）は与えよと教えている。仏教ではひもじい人がいたら．自分の腿の肉を与えようとすさまじいことが書いてあるというが、それは行き過ぎとして、困った人に自分ができる範囲で何かを与える、その慈悲的行為がその人を育て、人間を大きくするようだ。与えるとその行為は結果的に自分にプラスとなって返ってくるという。ユダヤ商法ではまず損をせよ、その次に得が得られると教える。これは実は正しいのだ。中国流の騙される方が悪い、嘘は許されるは感心しない。日本流の方法（近江商人など）もユダヤ商法と似た考えがある。「日本人とユダヤ人」いう本（45）にはそこらが書いである。損して得を得よ、である。実は、人生最高の喜びとは人に愛を与えて感謝されることである。これがわかるとその人は素晴らしい人生を歩んでいけるであろう。（最後の方で識者による成功の方法をいくつか紹介しているが、筆者が最も感動したのは坂本光司教授の成功方法87だった。彼は5つの模範的会社を紹介している。是非一読して欲しい。

11　人に愛される（人脈、金脈、血脈）（46）

これは案外以上に難しい。筆者自身、これには自信がない。人脈、金脈、血脈は成功の三大条件といわれるが、この中の人脈が最も大切で、人に愛される（46）、はそれを言い換えたものである。成功した人で人に愛されなかった人はいない。彼らは魅力に満ち満ちている。こちらからお近づきになりたいと思わせる雰囲気が彼らにはある。最低言えることは、わがままな人は人に愛されないだろう。まずは、謙虚さが大切だろう。成功を目指す人は、決して怒らず、カッとならず、いつも冷静で安穏でなければならない。仏の如く、という言葉があるが、理想はああいう泰然とした態度を言う。人の話をじっくり聞くことも大切であろう。人のためになろうという意識も大切であろう。でも、先ずは自分を愛することが先であろうか。いつもにこにこしている人の周りには人が集まるであろう。人に愛される、は自分が頑張って得られるものではない。日々、誠実に真面目に責務を粛々と果たしての結果である。それは日々の努力の結果のご褒美であって、お金では買えない。そう、徳（47）のある人が得られるものだ。この徳の獲得もまた難しい。筆者自身、徳に欠けるところ大である。筆者にはやや？がある。これをどうにかしないと、と思いつつ生きてきたが、遂にこの年になってしまった。残りの人生で徳を積むことが筆者に残された課題の一つといえる。読者の方々にも徳を積む、を心掛けてほしい。身近に徳のある人がおられたら、その人を真似てほしい。そういう人は人から感謝され、慕われ、尊敬されている。

12　老人の知恵を若い時に身につける

老人の知恵を若い時に身につけると鬼に金棒である。若い時は得てして勢いで進みたがる。それで案外うまくいく時もあるだろう。しかし、実は若い時から老人の知恵を身につけていると鬼に金棒である。最近では将棋の藤井青年を思い出す。彼は、中学生で既に注目されるようになったが、インタビューではもう大人の態度であった。その後の大活躍は羽生名人を超す勢いである。若いが、すでに老獪という印象がある。手が踊らないのだろう。性格は素直そうで、年上の人の話をちゃんと聞くと聞いている。今の若い人には筆者から助言したい。若い時に老人の話を聞けと。誰でも平凡な人生でも、年をとればそれぞれ賢くなっている。その老人の智恵を若い時に身につけることができれば、人生の成功は叶うだろう。後に挙げる素直さも大切である。とにかく、成功する人は賢明なのだ。成功者からはその秘訣を、失敗者からはその理由を学ぶことが大切である。成功者は相手の人格を尊重し、人を馬鹿にしない。傲慢ではよくないだろう。謙虚さが大切であろう。

13　一生学び続ける

これは言わずもがなである。傲慢にならず、独りよがりにならず、謙虚にいつまでも学び続ける姿勢が大切であろう。12章につながるが、人の意見に耳を傾けることが大切である。成功本の著者たちも大抵一生学び続けよ（48）と言っている。自分はまだまだ至らない、まだ学ばなければならないという姿勢が成功する人にはいつまでもある。人のいいところを吸収しようという貪欲な意識が学ぶ姿勢を作る。学問は荷車を押して坂道を登るがごとし、とのたまわった人は家康だったが、彼も謙虚に一生学び続けた人だ。偉くなった人は大抵そういう人たちである。彼らの姿勢を私たちも是非身につけたいものだ。20章で述べるが、その時に一人ではなく、共に学び続ける仲間がいると更によいだろう。

学びて後にこれをならう。また楽しからずや。友あり、遠方より来る。また楽しからずやと孔子先生（49）は言っておられた。学ぶことの楽しみを是非知って、知恵をつけ、人のためになる人になっていただきたい（特に若い人に）。昔の貴族の息子たちが散々遊び尽くした後、彼らは何をしたか。それは学問である。最高の喜びは学問であると気づき、大学をまず作り（ボローニャ大学が最も古いと言われる）、欧州各地から偉い人を呼び、哲学、医学、数学、文学、音楽その他を大いに学んだという。実は学ぶことこそ最高の楽しみの一つなのだ。

14　虚無主義・皮肉主義・悲観主義に染まらない

人生に失敗する人の理由は大抵決まっている。その一つに悲観主義、ニヒリズムからの汚染がある。彼らはそれらに染まり、自分を褒められず、人をけなし、世に不満ばかり言い続ける。結局、自分のいいところに気づかず、花開かない人がいかに多いことか。私はうつの人に数千人会ったが、彼らの一部にはこれらの考えの人がおられた。悲観的考えに対し、そうでもないでしょう、とやんわり述べても自分の悲観的考えは間違いない、自分は所詮負け犬、生まれてこない方がよかったという人が少なくなかった。彼らの思考は融通の利かない固定したものになっていた。今流行の認知療法では、こういう固定した考えを自動思考（50）というが、これは梃でも動かせないとさえ思わせる思考である。その考えの裏にはあきらめ、絶望があるのだろう。成功を望む人は是非こういう考えとは距離を置き、自分を褒め、前向きに行ってほしい。悲観主義よ、グッバイである。さとう（51）や他の者は否定語を用いるなと諭している。たとえば「貧乏になりたくない」とずっと思っている人は実際は貧乏のことをばかり考えているわけで、さとうは逆のこと、金持ちになりたいと思えという。これは心理学的にいえば正しい。否定語は不幸を呼び、逆の言葉は福を呼び込むわけである。不幸よ飛んで行け、俺には似合わない、が正しいのだ。

否定的思考は本人の想いとは別の、よくないことを惹起する。先述の認知療法でも同様のことを教えている。言霊は筆者は嫌いな言葉だが、前向きの言葉（水連（52））を自分に投げかけよう。それは今はやりのセロトニンを増やすのかもしれない。今日からでも実行してみよう。筆者はというと、否定的な言葉を思い浮かぶと、短時間でそうではないでしょうという言葉が自分の中から聞こえてくる。これは、もう一人の（しっかりした大人の）自分の声、メンターあるいは神の声ともいえよう。たとえば、この案はとても実行できないのではと不安がつい浮かぶが、そう悲観的になるな、何とかなるさ、今までも何とかなってきたではないかと聞こえてくる。すると、そうだ、今まで何とか乗り切ってきた、今度も何とかなるさと前向きになれる。これは、内なる前向きのベクトルの声といえる。この方法は実は少しの修行で獲得できる。今まで述べてきた自分を愛する、信じる、笑う、呼吸法、少しの運動などで可能　となるはずである。8章でも述べたジョン博士の勧める運動がいい。是非、やってみてください。

ところで、ゲイリー（53）は、人は常に自分と会話している、自分にどんな言葉をかけるかで人生が変わる、ネガティブな言葉がネガティブな感情を呼ぶ、逆にポジティブな言葉は人生を変えられると認知行動療法的なことを述べている。やはり、言葉は大切なのであろう。ところで、皮肉主義者といえば小説「クリスマスキャロル（54）」を思いだす。主人公はひねくれ屋だったが、周囲の人の愛で最後には彼の心はなごみ、人を愛せるようになっていった。この世で最も恐ろしいことの一つは虚無主義に染まることである。虚無主義は唯物論、共産主義より怖いかもしれない。これに染まると人を愛せなくなる。テロリストには恐らくこの主義は多いだろう。これに染まると筆者の言う連帯意識、アドラーのいう共同体意識（55）から反対の方向にいってしまう。自分の殻に閉じこもり、内閉に陥ってしまう。げに恐ろしきものは虚無主義であろう。それからは何ら生産的なものは生まれないであろう。

15　楽観的であること、焦らない

3章、7章と関連するが、何事も楽観的であるのがよいだろう。何とかなるさという楽観的な考えが成功に結びつく。ラテン系の乗りが大切であろう。先述したが、日本人の一部に、すぐあきらめて絶望的行動に行きたがる傾向があるようだ。私は特攻攻撃をずっと批難しているが、あれではよくない。ゆっくりとぼちぼちいく、焦らない、成果を急がないことだ。慌てる乞食は何とかという。もし悲観的になったら、よく眠る、身近な人と話す、食事する、友と一緒に遊ぶ、運動するもいいだろう。悩みは分散させることだ。take it easy が肝要であろう。

次に焦らないことが大切である。日本人は一般に焦る気持ちが強いようだ。早く成果を出そうと焦り、10歳代で成果が出ないともう駄目とあきらめ、その後頑張れない人が多い傾向がある。外人はそんなに焦らない。その内、芽が出るさ、と鷹揚に構えている。周りも早く成果を出せと迫らない。日本では大学2年、20歳ぐらいで会社訪問が始まるというが、ドイツでは正式な就職は25―27歳だ。ワンダーフォーゲル（旅する鳥）という言葉が向うにはあるが、若い時は旅せよと勧められ、実際欧州の若者は世界中を旅する。筆者も若い時はよく旅をしたが、大きなバックパップを背負った欧州の若者によく出会った。とにかく焦ってはいけない。人生は結構長い。若い時に一時うまくいかなくても挽回する機会は結構ある。カムバックという言葉があるが、日本ではこの言葉をあまり聞かない。一度ある人が挫折すると世間はその人をすぐ見捨てる傾向が強いようだ。刑務所に一度入った人が日本では再犯する頻度は高いというが、世間に元犯罪者というだけで歓迎しない意識が強いので、再犯率が結構高いのではと筆者は危惧している。アメリカでは刑務所に服した人には世間は許しの気持ちで接し、日本ほど毛嫌いしないと聞いたことがある。仕事にも結構就けて、日本ほど再犯率は高くないという。

ところで、筆者の長い臨床生活で人生を見切っている最も早期の人はなんと5歳であった。その人は既に5歳で虚無主義に染まり、人生をあきらめ、人生の舞台からさっさと降り、死ぬことばかり考えていた。診断はうつ病の20歳台の若者だったが2、3回しか受診せず、その後の人生は不詳である。人生とはそもそも何だろう。フロイト（56）は人生とは愛すること、働くこととのたまっておられたが、それも一理ある。筆者は拙著（57）で人生とは、人として生まれさせていただいたことを天に感謝する、この世の摂理を知ること、人生の意義・意味を知ることと述べた。瞬間は美しいということを知ることも大切と述べた。人間は素晴らしい。人生も素晴らしい、それらを芯から知ることであろう。

16　真面目であること

真面目の崩壊（58）といわれて久しいが、成功の1条件にこれを入れたい。成功する人は真面目であり、真摯であり、ふざける人はいない。その性格が信用を高め、人から協力を頂くことが可能になる。「海賊と呼ばれた男（59）」の主人公（実は出光の創業者）は真面目な男で誠実であったが、それを買われ、出資者から二度の融資を受け、結果的に大きな会社を作ることができた。男の友情物語といえる成功談だが、二人の間に強い紐帯があり、二人の男の誠実と真面目があって成功談が実現したと思われる。真面目さは人を信用させる大きな要因である。戦後数十年経って世間は不真面目な人が増え、マスコミも軽くなり、テレビは毎日おふざけ番組ばかりで、日本は真面目の崩壊の国といわれるようになった。その原因は多々あるが、教師が堕落したことが最大の理由だろう。教師の権威は既にどこかに行ってしまった。映画「チップス先生、さようなら」（60）に描かれた素敵な教師は少なくなった。しかし、そういう時代だからこそ真面目であるべきだ。他の人は半ばどうでもいい。自分だけは真面目であるべきだ。これもまた成功の一方法であろう。

17　素直であれ

素直の逆のひねくれを思うとこの言葉の重みが伝わるだろう。ひねくれからは、人を不快にさせる、人を遠ざける、協力する気持ちを萎えさせるなどの悪い印象が思い浮かぶ。逆に素直さからはいい言葉ばかりが連想される。純粋さ、温かさ、人を温かくさせるなどが連想される。いくつになっても素直な人が愛され、その人は伸びていくだろう。しかし、年をとると人間は案外ひねくれていく。その方が大人の態度と錯覚するのかもしれない。ひねくれず素直な気持を持ち続けていこう。囲碁・将棋ではひねた手は非常に嫌われる。ひねた手を打つ若者は田舎に帰されるという。真っ正直な堂々とした外連味のない手を打つ者が大成するという。スポーツでもそうであろう。最近の二刀流の大谷選手（61）が好例である。あの素直さがいいのだ。ひねくれてはいけない。

18　人と自分を比べない。一人で悩まない

この点は既に拙著（62）で述べているが、大抵の人はこれをやってしまう。人と比べて負けるものか、と奮い立つ人は実は少ない。大多数は相手を羨望し、うろうろするばかりで、自分には到底出来ないとあきらめてしまう。実は、その方が楽だからである。人間は本来怠け者であり、誰でもきついことは避けたがる。結果がよくないとわかっていても、あきらめるという安易な道を結局選び、伸び悩んでしまう。一度しかない人生と薄々わかっているのに頑張れない。読者は粘り強く、あきらめないで必死に生きてほしいと思う。人と比べていいのは、その人を模倣しようと思うときだけである。そもそも人と比べるからよくない。安易に比べず、自分のペースでぼちぼちいけばいいだろう。自分は自分だ。

19　あきらめないこと

あきらめないことも大切であろう。あきらめからは何も生まれないだろう。別記したが、特に日本

の方はあきらめが早い民族だと筆者は思う。筆者の嫌いなものの一つに先の戦争での特攻（63）がある、日本の某首相は知覧を訪れ、彼らの写真、遺言集を見て涙し、彼らの勇気に最大の賛辞を惜しまなかった。果たしてそうなのか。筆者は特攻は人間が今まで営んできた人間の行為の中で最大の愚行の一つだと思う。それは人間の、特に若者の気持をわからない、母の気持をわかろうとしない、中年以降の旧軍のお偉いさんが立案した誠に身勝手な作戦だった。その作戦が始まると、上官が若い兵士をリクルートし、若者が断ると、上官はお得意の鉄拳制裁と罵倒（それでも日本人か、国の窮地を救う心はないのか、上官は貴様らを持って恥ずかしいなど）で強引に募り、若者はしぶしぶ参加、訓練も碌にさせてもらえず、おんぼろの飛行機に大量の爆弾を積み、次々に出撃、ほとんどは米軍の艦から撃たれる無数のカーテン様の銃弾に被弾し大破、海の藻屑となっていった。その数は数え切れなかった。戦後、その愚かな作戦を強行した、後から俺たちも行くと言っていた上官らは、例外を除いてのうのうと生き残っている。中には議員、有名な会社の偉い人になった人もいる。責任を誰も取っていない。旧軍は特攻以外でも無謀な南方での攻撃を次々に立案し、いずれも完敗。若い兵士の多くは敵の弾ではなく、飢餓と病気で死んでいる。ベトナムのようなもっと粘り強い作戦は出来なかったのだろうか。

さて、あきらめない成功の方程式はどう立てるか。強い粘り強さは、やはり強い自己愛と自己信頼からであろう。自分を見限らない不屈の精神が大切であろう。人の為という意識が大切であろう。多くの人は、自分の為と思って始め、なかなかうまくいかないとまもなくあきらめてしまうだろう。しかし、人のためと思って始めた事業ならそう簡単に投げ出さないだろう。また、一人ではなく、仲間がおれば長続きするだろう。チームの輪で頑張ろう。先述しているが、俺には幸運の女神が付いている、絶対うまくいくはずだという強い意志が大切であろう。

20 チームを作ること（一人では何もできない）

成功には人脈・金脈・血脈の三脈（64）が大切といわれる。これら三脈が成功には必要と思われる。先述しているが他にチームを作るもいいだろう。いいチームは成功の大きな要因である。チームといえば、劉邦（65）を思い出す。彼は韓を作った男だが、彼自身には項羽ほどの戦闘力はなかったが、とにかく人をたぶらかす力が圧倒的にあり、いい味方に恵まれ、皆で協力しあって、最後は強敵の戦闘の申し子の項羽に勝利している。また、水泳の北島選手（66）もいいチームを持っていた。いいコーチ、身体面の協力者（栄養管理者など）、心理面のコーチ、他の多くの仲間が彼を支え、オリンピックで二連覇した。才能を持ち、人に愛される人が自分のチームを作り、その後いい展開を繰り返し、最後は成功している。成功を望む人は是非いいチームを作ってほしい。成功は自分一人ではなかなか達成できないであろう。

21　1万時間の法則（67）

どの道でも人は1万時間かければ最後は大事を達成するという至極当たり前の法則である。これはアメリカの小説家グラッドウェルが言ったと聞いている。好例としてはスポーツが端的であろう。ゴルフの松山選手、渋野選手は世界一に最近なったが、彼らの練習は凄まじいものがあったと聞く。1万時間といえば、毎日5時間やって、約6年を要するだろう。大抵の人はその練習の厳しさに根をあげ、途中であきらめてしまう。絶対あきらめない人が最後は成功するようになっている。そういう人は先述の自己愛、自己信頼がしっかりしている。成功を疑わないから、あるいは周りの励ましがあるから耐えられるのだろう。読者も是非自分を愛し、自分の成功を信じ、1万時間の法則を信じ、ぼちぼち努力してほしい。神様は依怙贔屓されます。努力する人しか愛しません（アンソニー（68）は神の遅れは神の拒絶ではないと述べている）。なかなか芽が出ないと、その内、神様を恨み始める人が結構いるが、お門違いもいいところである。棚ぼた主義ではいけない。努力に勝る天才なし。弛まぬ努力を行っていこう。

私事だが、私は凡医であるが、中学時に絶対医師になるのだと決心して刻苦勉励、1万時間以上勉強して（塾には金なく行けず）、先生たちにも励まされ、偏差値70の大学に入れた。学校がある日は5時間、日曜日は10時間ひたすら勉強した。結果、奇跡的に合格した（土台合格するとは思っていなかった）。努力すれば神微笑むである。努力が肝要であろう。

22　敵は己にあり

人は元々怠け者である。南アメリカ等に行くとそれがよくわかるが、人間というものは本来そういう生き物である。かの地では真面目に働くものは半ば馬鹿にされ、人にたかるのが賢い生き方とされると聞いたことがある。本来怠け者の自分を叱咤激励し、目の前に人参をぶら下げてでも、人のために生きるのだとぼちぼち生きていくのがいいだろう。ところで、平凡な人間は1週間遊ぶともう飽きるという。遊ぶのも才能だろう。別記しているが、昔の西洋の貴族の息子たちは散々遊んだ後、そうだ学問をしようと思い立ち、大学を作って、そこで最もわくわくする学問を始めたという。学ぶことこそ最高の遊びだったということだ。遊びたい、怠けたいという自分の弱い未熟な心に打ち勝ち、真摯な人生を皆さんには歩んでほしい。勿論、人生はまずは人のために生きる、ですぞ。

23 千里の道も一歩から

これも今まで述べたことの再録である。どの成功本にも書いてあるが、大きな目標を掲げ、まずは一歩から進むことだ。多くの人はその一歩も踏み出せずに己の不幸をただ嘆き、外にその原因を求めている。愚かなことではある。全ては自己責任である。アンソニーを初め他の筆者も同様のことを述べている。

24　失敗を恐れるな

これは重複気味だが、大抵の人は一回失敗するともうだめと思い込み、次の挑戦をしようとしない傾向がある。最後に成功する人はしぶとい。2、3回失敗してもあきらめない。目標がしっかりあり、自分を信じており、また、どうしても成功するのだという意志が強いのだろう。また、成功は自分のためではないから頑張れるのだろう。周りの励ましもある。一人ではないからしぶとく続けられる。やはり、チームが大切ということだろう。

25　前ばかり見よ。過去をみるな。

アメリカは若い国でフロンティアスピリット満載の国である。彼らと付き合うと日本との差がわかって面白い。彼らは余り失敗を恐れない。前に前にという精神が強い。ミスをしても日本人程自分を他人を責めない。日本では一度失敗すると再浮上はなかなか難しい。彼らは逆転の人生を賞賛する雰囲気が強い。艱難汝を玉にする、が生きているようだ。別記しているが、ミスは人生につきものであろう。ミスをしても落ち込まず、前へ前へという姿勢が大切である。彼らは going forword（69）という言葉が大好きである。私たちも彼らのそういう前向きのスピリットを大いに学ぼう。

26　組織に埋没するな。機会があれば企業するぞ、の精神を持とう。

日本では起業家精神が不足しているというのは最近よくいわれ、また、伝統的に日本の銀行は起業精神の豊かな人になかなか融資してくれない。一方で、最近大学で起業家を育てようという動きが出てきており、筆者は嬉しく思っている。ここ30年の不景気で就職の人気度トップは公務員と聞くが、筆者は慨嘆している。寄らば大樹の蔭であろうか。昨年（二〇二一年）は渋沢英一が大河ドラマで演じられたが、彼は徹底して在野で活躍した。人生、自分の裁量で生きていったほうがいいに決まっている。雁字搦めの公務員を筆者は好きになれない。東大卒でも地方公務員を目指すようになったというが、いかがなものかと思う。大きな組織の中で将来を補償してもらえ、安定した生活、果たしてそれでいいのだろうか。若い人には脱組織で己を信じて生きていってほしい。

以上筆者の考える成功の心理学を述べた。参考にして頂きたい。まとめると、成功を望む人でそれを着実に推し進める人は最後には成功する、である。不屈の心が大切である。人のために尽くすという広い心が大事である。己を信じてひたすら努力してほしい。体が丈夫で、真面目な楽観的なひとにこそ神ほほ笑むであろう。

3　他の成功の方法

成功即幸福と見れば、幸福論は昔から数多あり、有名なものは三大幸福論のアラン、ラッセル、ヒルティのそれらがある。三人の幸福のエッセンスと他の識者の説もいくつか紹介しよう。それぞれ大変参考になる。それらには案外共通するものが多い。以下述べるが、一部は拙著「素晴らしきかな人生」①より引用している。

アラン（70）

哲学者で箴言集を残している。

幸福というもののなかには、人が考えるよりも意志の力が働いている。

（悲しいマリー）

だれでも求めるものは得られる。青年時代にはこの点を考え違いして、棚ぼた式に得られるのを待ち望むことしか知らない。ところがぼた餅は落ちてこない。われわれが欲するものはすべて、ちょうど山と同じで、われわれを待っており、逃げていきはしない。だが、よじ登らなければならない。

（野心家たちへ）

幸福と不幸との本当の原因について深く考える人々は、富を警戒し、権力を警戒し、快楽を警戒し、だれも欲しないような運命を背負ってゆくことになるだろう。

（大草原について）

自分の商売や出世の為だったら、だれでも懸命になっている。しかし一般に、自分の家で幸福になるためにはなにひとつしない。

（私生活について）

人間はその求める苦しみのなかに幸福を見出す。人が欲しているのは行動すること。人は棚ぼた式の幸福をあまり好まない。自分で作り上げることを欲するのだ。

（行動する）

役に立つ仕事はそれ自体楽しみであることがわかる。仕事それ自体なのであって、そこから引き出す利益によってではない。人間的な楽しみの最大のものは、協同でやる困難で自由な仕事であることはまちがいない。

（労働）

（生命の力とは）自然の成り行きに期待し、未来を明るく考え、そして生命が勝利を得ることを信じることが必要だろう。

（哀れみについて）

幸福の秘訣のひとつは自分自身の不機嫌に対して無関心でいることだと思う。相手にしないでいれば、不機嫌というものは、犬が犬小屋に帰っていくように、動物的な生命のなかにおちこんでしまうものだ。自分の過去、自分の悔恨、反省によるあらゆるみじめさから身をひきはなすことだ。

（ストイシズム）

彼の言う幸福論は一言では容易にまとめられないが、要は自助努力、意志の力の大切さ、個人的な幸福より共同でのそれに重きを置いているようだ。

ラッセル（71）

英国の哲学者。彼は自著の「幸福論」第1章で不幸の原因をまず述べ、それを踏まえ、第2章で幸福論を展開している。不幸の原因の多くは、競争と貧困、子ども時代に愛されなかったこと、疲れ、心配、妬み、罪の意識、被害傾向、間違った世界観・道徳、くらしの習慣、世間の目などにあるとした。同書では、二種の幸福すなわち可視的なものと想像的なもの、動物的なものと精神的なもの、感情的なものと知的なものと分け、人は自分の分に応じた幸福があるとする。また、いい愛情、いい仕事、無私の大切さ、空しい努力の放棄について述べ、幸福なひととは客観的な生き方をする人であり、自由な愛情と広い興味を持ち、これらの興味と愛情と、それによって彼自身が逆に多くのひとの興味と愛情の対象にされるという事実を通して、自分の幸福を保つとする。

ヒルティ（72）

哲学者。著書「幸福論」は有名でよく引用される。

喜びはある程度まで努力して作り出すことができる。しかも、ごく簡単な方法によって、まずは第一に自分の持っている良きものに目を向け、その価値を認めて感謝することである。感謝は喜びにきわめて近い感情である。次には、他人に喜びを与えることである。

（後半略）

彼は自助努力の大切さと菩薩業の大切さを言っている。

以上紹介した三大幸福論の中心テーマは感謝、自助努力、御恩返しが多い。奇しくも拙著「素晴らしきかな人生」で筆者が述べたこと、感謝とご恩返し、あきらめないこととかなりかぶっている。

他の宗教・哲学ではどう説いているか。

まずは「日本大百科全書9（小学館）」の「幸福」論（73）を紹介する。

「幸福とは人間のさまざまな欲求が満たされている状態、もしくはその際に生ずる満足感であると定義されている。その内容もさまざまである。以下紹介する。

「感性的な欲求の満足のみに幸福を求める人は、一般に快楽主義者とよばれる。（中略）古代ギリシャのエピクロス（エピキュロス）がこの種の快楽を主張したとされ、そこから快楽主義者はエピキュリアンと呼ばれたりする。しかしエピクロス自身は、真の幸福は（快楽主義とはほど遠い）かえっていかなる欲求によっても心が乱されない境地（アトラクシア）にあると考えた。（中略）ストア派の人々も、理性の指図に従って自己を支配し、克己禁欲的（ストイック）に生きることに幸福をみいだした。（中略）

以上の見方はいずれも個人の幸福を主眼としているが、人類全体の幸福の促進を重視する倫理説もある。たとえば功利主義によると、倫理的によい行為とは、『最大多数の最大幸福』を求める行為である。（中略）今日では功利主義の原則は、快の増大よりもむしろ不快（苦）の減少に適応されている。（中略）マルクス主義のなかにもこの種の見方が形を変えてみいだされる。（中略）カントは、幸福を直接目的とするいっさいの幸福主義倫理を退け、道徳法則に従う有徳な生活を重視する」

以上引用した文章は大変参考になる。

ソクラテス（74）

偉大なる古代ギリシャの哲学者。真の音楽家とは音楽を楽しむひとであり、真の政治家とは政治を楽しむひとであると述べた。死は一種の幸福、現世の苦労からの永遠の訣別とした。

プラトン（75）

人生において成功するために、神はふたつの手段を与えた。教育と運動である。とプラトンは述べたという。しかし、前者によって魂を鍛え、後者によって体を鍛えよ、ということではない。その両方で、魂と体の両方を鍛えよ、というのが神の教えだ。この二つの手段によって、人は完璧な存在となる。確かに、魂と体の両方を鍛えるのは成功への大きな方法であろう。しかし、プラトンの言葉はやや茫漠としている。他の識者、筆者はもう少し具体的に述べている。

次に有名なマズローの心理学（欲求説）（76）を紹介する。フロイト、ユング、アドラーなど有名な心理学者は臨床体験からそれぞれ素晴らしい心理学の体系を樹立し、それらは私たちの人生に大いに役立つ。ところで、マズローはむしろ臨床体験からの示唆というより、人生の成功者から示唆を受け、彼独特の心理学をうちたてた。今から紹介するが、彼に続いて欲求説を発展させた学者は多い。筆者もその系譜にあたるかもしれない。マズローは、自ら提唱する人間性心理学の旗頭として活躍し、自己実現、創造性、価値、美、至高経験、倫理など、従来の心理学が避けてきた、より人間的なものの研究に道を開いた。マズローの法則とは、人間の欲求は5段階のピラミッドのように構成されているとする心理学的理論である。「マズローの欲求五段階説」「自己実現理論」などと呼ばれることもあり、心理学のみならず、経営学、看護学など他の分野でも言及される。彼の欲求五段階説を簡単に紹介する。人間の欲求には5つの段階があるとし、低次の生理的欲求に始まり最後は自己実現の欲求までであるという。

1生理的欲求　2安全の欲求　3社会的欲求　4承認欲求　5自己実現の欲求である。実は6つ目の欲求もあるといわれ、それは自己超越の欲求である。1が満たされれば人間は次の段階を目指し努力し、それが達成されれば努力して次の段階に進むわけである。人には他の生き物と異なり、上の段階へ進もうという内発的力を天から与えられているようだ。非常にわかりやすい理論で世間では人気のある理論だが、専門家の間では理論的、学術的ではないと厳しい意見がある。（仏教では地獄、餓鬼、畜生、修羅、人界、天界、声聞、縁覚、菩薩界、仏界の十界が有名である。人間の心の状態は万華鏡のように変化するが、それらを見事に十の世界に分類している。勿論，最高の心の境地は十番目の仏界、悟りの境地である）

1　生理的欲求

ピラミッドの一番下の段にあたる、最も基本的な欲求が「生理的欲求」である。生理的欲求は、生命活動を維持するために不可欠な、必要最低限の欲求を指す。いわゆる「3大欲求」（食欲・睡眠欲・性欲）のほか、呼吸をしたい、排泄をしたい、水を飲みたいなどの欲求も、これに該当する。私たちがより高次の欲求に進むためには、まずはこれが満たされていることが大前提である。生理的欲求は、欲求のピラミッドにおける土台であり、一生物としての人間がまず最初に抱く、欲求の出発点である。

2　安全の欲求

生理的欲求が満たされたら、次に問題になるのは「安全の欲求」である。安全の欲求とは、身体的に安全で、かつ経済的にも安定した環境で暮らしたいという欲求を指す。

3　社会的欲求

社会的欲求とは、家族や組織など、何らかの社会集団に所属して安心感を得たいという欲求を指す。所属と愛の欲求と呼ばれることもある。

4 承認欲求

何らかの社会集団に所属し、社会的欲求が満たされていたとしても、まだ次のレベルの欲求が現れる。「承認欲求」である。それは、単に集団に所属するだけでなく、所属する集団の中で高く評価されたい、自分の能力を認められたい、という欲求である。承認の欲求はさらに「低位の欲求」と「高位の欲求」に分類される。前者は素朴な誰かに褒められたいという承認欲求であり、後者は自分が自分を承認できるかどうか、すなわち、自分のなかの喜びや達成感が問題になる。他者依存的な評価軸から自立し、あくまで自分の中で立てた基準や目標にしたがった欲求といえる。ヘーゲルは人間は承認を求める生き物と喝破したが、マズローは彼を踏襲しているといえる。

5 自己実現の欲求

以上1～4のすべての欲求が満たされると、最後に残るのが「自己実現の欲求」である。それは、自分にしかできないことを成し遂げたい、自分らしく生きていきたいという欲求を指す。私たちの欲求が完全に満たされるには、社会的に成功するだけでなく、「理想的自己イメージ」との同一化を目指す＝自己実現を果たす必要がある。以上が有名なマズローの「欲求五段階説」である。

6　自己超越

以上、人間の欲求は「生理的欲求」～「自己実現の欲求」までの5段階に区分されるとのマズローの説を解説してきた。しかし、実は、後年のマズローはさらにもう1段階、高次元な欲求をピラミッドに付け加えていた。その6つめの段階とは、「自己超越の欲求」と呼ばれるものである。

さて、人口に膾炙されている有名なマズロー説であるが、筆者には不思議だが、専門家から手厳しい批判がある。実証説ではなく、科学ではないということだろうか。従って、有名だが、この説を安易に応用するのは戒めなくてはいけないのだろう。

ヘーゲル（77）

彼は人間にとって承認欲求の充足が大切であると説いた。人間は社会を作り、お互いに支えあって生きている。周りに相手に承認されることが人間にとって最も大切であると彼は喝破したのだ。

次に、他の有名な人の説を紹介する。いわゆる成功本のネタになっている本は数多ある。以下は水野俊哉氏（78）に負うている。筆者は彼の挙げた50冊ほとんどの成功本を読んだが、読み進めていくと大いに共通する文章がある。以下は成功本50冊をまとめた水野俊哉氏からの引用が多い。水野氏に深く感謝する。50冊に共通する項目は以下のようである。

共通する成功の方法

思考は現実化することを信じる

まずは想いを紙に書いてみる

自分の成功する姿を想像する

思うより行動

成功とは、少しでも高みに登ろうと努力を怠らないこと

ポジティブ思考が現実化する

人に感謝せよ

人に愛されよ

世の人を幸せにするために生きよ

楽観的であれ

まずは心より金を考えよ。心は金に恵まれて後に考えよ

規則正しい生活を送れ

一生勉強である

などである。どれをとってもむしろ平凡で、誰でも実行可能ではと思える内容ばかりである。しかし、これらを本当に実行できるかというと多くの人は尻込みするのではないだろうか。そもそも、多くの人は自分の成功する姿をリアルに描けないようだ。あいつにできるのだから俺も、と思える人は多くはないだろう。そこらはやはり心理学の力を借りないと深く分析できないであろう。実は、成功本の一部（ゲイリー他）には心理学を援用して成功の方法が述べられている。筆者の説については先述している。参考までに水野氏の成功10か条78を紹介する。

1　必要な知識を身につけて行動する

2　周りの人に感謝する

3　ポジティブシンキングに徹する

4　失敗を恐れない

5　「目的」と「原因」と「結果」の世界を知る

6　人生の意義を考える

7　夢・目標を立てて紙に書く

8　金に興味を持つ！

9　「時間」「お金」「人間関係」「健康」を管理する

10　とにかく成功本を読む

最後に、他の有名な成功本のいくつかを紹介する。

デール・カーネギー（79）

彼の著書「人を動かす」はベストセラーである。人を動かす三原則に始まり、人に好かれる六原則、人を説得する十二原則、人を変える九原則などを述べている。人間社会で成功するにはいかにうまく他人を動かすかが大切であるという。その方法を彼は明快に述べている。

ステイーブン・R・コヴィー（80）

彼の「七つの習慣」は大ベストセラーである。多くの成功本のネタ元になっているという。ビジネス書として有名である。七つの習慣とは①主体的である②終わりを思い描くことから始める③最優先事項を優先する④Win-Win関係を考える⑤まず理解に徹し、そして理解される⑥シナジーを創り出す⑦刃を研ぐの七項である。彼は、自分が挙げた解決方法29pは、歴史の中で長く栄した社会すべてで共通する原則、不変にして普遍の原則、自明の原則に基づいていると言い切っている。これらは自分が考え出したものではないという。彼は多くの教訓を学んだが、その中で最も興味深かったのは、自分の最高の望みを達成し、最大の困難を克服したいならば、自分が求める結果を支配している原則や自然の法則を知り、それを適応するという教訓であったと言っている。また、彼は、個性の大切さを評価するが、それよりも大切なことは人格主義8-14pともいうべき誠意、謙虚、誠実、勇気、正義、忍耐、勤勉、質素、節制、黄金律など人間の内面にある人格的なことを第一の成功の条件に挙げている。続けて、人格とは習慣の総体47pであり、習慣は私たちの人生に決定的な影響を与え、それは一貫性であり、時に無意識的に行われる行動パターンであり、日々絶えず人格として現れるという。習慣は知識、スキル、意欲の三つが交わる部分をいうとのこと。七つの習慣51ｐとは、断片的な行動規範を寄せ集めた物ではなく、成長という自然の法則に従い、連続する段階を踏んで、個人の効果性、人間関係の効果性を高めていく統合的なアプローチ51ｐであるという。それは依存から自立へ、そして相互依存へと至る「成長の連続体」を導くプロセスであるという。従って、七つの習慣を踏んでいけば自立していき、私的成功に続いて公的成功へと至り、最後は相互依存という高度な次元に到達できるといっている。是非、本書を読んでほしい。勇気と元気を貰えるはずである。

ナポレオン・ヒル（81）「思考は現実化する」

彼は大富豪のカーネギーから直接成功の秘訣を聞き、それらをまとめ、彼も実践し、彼自身がまず成功者になっている。最初の原則は明確な目標を持つこと。二番目はプラスアルファの努力、第三は調和の精神、第四は信念の現実化、第五は自己規律、第六は自然の法則とのこと。人間は自分自身の習慣や環境を作り出すことができる。自分で自分の運命を決定することができる。将来を自分で築き上げる能力、目標を自分で運ぶ能力が人間にはあるとする。成功するにはこの本を読んで実行することである。自分にもできるという確信を抱くことが肝要である。

アンソニー・ロビンズ（訳　本田建）（82）

彼は文字通り素晴らしいカリスマメンタルコーチで、アメリカでかなり有名なひとのメンタルコーチも勤めているという。恐らく世界一のスーパーカリスマコーチであろう。彼は多読家で誰よりも成功本を読んでいるという。筆者は多くの成功本を読んだが、彼の本は名文であり、心を熱くさせられた。彼のスーパーセミナーを受けようという気にまでさせられた。とにかく、読んでみることをお勧めする。読むうちに心が熱くなっていくだろう。彼は一瞬で最高の人生に変わる奇跡の方法を12章に分け述べている。

第一章　決意した瞬間から、あなたの運命は代わる―成功者は決断が早く容易に変えない
第二章　望む通りの夢が自動的にかなう方法　苦痛と快感をコントロールせよ
第三章　最高の人生を引き寄せる信念の法則
第四章　最高の質問が最高の人生を作る　自分自身に質問をすれば最良の答えをくれる
第五章　人生が動き出す心と行動の習慣　今すぐ悪い習慣を断ち切るには。

第六章　逆境を逆境にしない力　言葉は人生を激変させる
第七章　目的に向かってどんどん行動が加速する不思議　ネガティブ感情は小さい
第八章　自己否定がなくなる「10日間のメンタルチャレンジ」
第九章　人生のルールをリニューアルする方法
第十章　自分で自分を越える方法
第十一章　富をいますぐ手に入れる5つのカギ
第十二章　人生を楽しむための贈り物　困難はあなたを成長させる宝物

の計十二章である。

第一章ではガンジー、ローザ・パークスの勇気と決断を紹介し、決心する心の大切さ（決意）をホットに紹介している。まず思え、である。たとえ、一時的に失敗しても失敗から学び、何回でも挑戦する心の大切さも説いている。「人生に失敗などない」「人生には行動と結果があるだけだ」とも言っている。決断が早く、自分でよく考えて決めたことを簡単には覆さない人が成功するともいう。成功の具体的な方法も述べており、目標設定をまず記載し、そのリストを毎日のように振り返ることを提唱している。また、成功の方程式①自分の理想は何?②いまはどこ?③そのギャップは何?④ギャップを埋める、を挙げ、この方程式を使えば今までにない結果がもたらされるという。

第二章では夢を実現するために何が行動の妨げになっているかを気づくことの対越さを述べている。また、痛みと快感は自分で決められ、それらをコントロールすることが大切さを述べ、成功する人は痛みをコントロールし、そこから学んでいくとも言っている。感情を豊かにすることの大切さも述べ、姿勢や行動がそれに寄与すると言っている。

第三章では信じる力の大切さを述べている。信じる力は私たちを情熱的な行動へと駆り立てるという。彼はビル・ゲイツのコンピューターのソフトウェアを作るという決意とその後の成功を例に挙げ、いかに決意が大切かを紹介している。その際、想像力が大切であるという。しかし、一回の挑戦で成功はなかなかしない。挑戦を続けることの大切さを述べている。ピグマリオン効果も紹介し、いい思い込みの大切さを述べている。

第四章ではアインシュタインの述べた「大切なのは疑問を持つこと、神聖なる好奇心を失うな」

を紹介し、成功する人としない人の差の一つに、成功した人はより良い質問をし、それによってより良い答えを手に入れており、そうでない人はよい質問をしていないという。

いい質問は質のいい人間を作るということだ。彼はダイエットでのいい質問の例を紹介している。自分に質問すればかならずいい答えが返ってくるとも言っている。「最高の質問が最高の人生を作る　自分自身に質問をすれば最良の答えをくれる」

第五章以下は省略する。

チャールズ・C・エバレット（83）

彼の人生論は有名であり、竹内均がよく解説している。まず、「いかに生きるべきか」はひとつの知恵であり、一つの科学であるという。科学には三種あり、一番目はいわゆる科学、二番目は何らかの目標を達成する手段に関する学問、そして、三番目の科学は望ましい目標とは何かを明らかにするものであり、これこそ「力強く生きる」科学であるという。この「目標を探求する科学」では、何が正しいかを知るだけでは駄目で、すすんでその正しいことを行わなければならないという。今も昔も基本は変わらず、自分にとって「最も望ましい生き方」を探ることが人生にとって大切であるという。そのためには、先人の生き様・智恵に学ぶこと、よい慣習に学ぶこと、自分はどうするかを考えること、何によって行動しているかを自覚すること、一個の人間として自信をもって判断することなどを挙げている。

ジェリー・プラスら（84）

彼らは世界中の２００人以上の成功した人たちへのインタビューを基にこの本を書き、並み外れた人たちやチーム、組織というものは、ごく普通の人たちが自分自身にとって大切だと思っていることが結果的に並み外れていたに過ぎないという事実であった。彼らの成功は、彼らの生活や仕事で少なくとも３つの本質的な要素の整合性が取れた時であるという。それらは①自分なりに定義した意義②想像力ある思考スタイル③効果的な行動スタイルであるが、それらの相互の調和がとれた時に、自分の足元を固める礎になり、成功体験を持続させてくれるということを彼らは発見した。また、成功とは 個人的な充実感と変わらない人間関係を与えてくれる、そして自分たちが住んでいるこの世界で、自分にしか出来ない成果を上げさせてくれる、そんな生活や仕事をいうとある。インタビューの相手は必ずしも有名な人ばかりではなく、平凡でハンディのある人もいた。しかし、彼らは本当に成功したのだ。水野はこの本から学んだことは、もし、いつまでも続く成功を望むなら、そのためには、自分にとって生きがいのある人生を紡ぐことだ、ということだったと述べている。

中村天風（85）

彼は有名な成功本の作者で、高名な人たちが彼の助言を受けていたという。彼は大病を得て、治療を求めているうちにたまたま高名なヨガの師に出会い、瞑想を繰り返すうちに悟り、大病を克服し、以後多くの人を導いている。彼の成功哲学は以下のとおりである。

他人に好かれる人になりなさい
出世する人、成功する人はその心の内容が極めて積極的である
幸運や好運というものは、自分が呼び寄せなければ来やしない
あなた方の思いや考え方が、現在あるがごときあなた方にしている
笑顔は、万言に勝るインターナショナル・サインだよ
よい時に感謝しないと、悪い時にはもっと悪くなるよ

など54項目も述べている。それらにはナポレオン・ヒルと共通するものがある。それらは他人に好かれる前に他人を愛する

成功も失敗も過去の行いの結果である

成功は引き寄せるものである

言葉や感情が現実になる

であった。彼の説は平易な言葉で書かれているため、誤解を生みやすいが、その言葉の裏を読み解くことが大切と水野は述べている。

デイル・ドーデン（86）

これは小説であるが、ある老人が若い二人に人生の成功法を以下のように伝授するストーリーである。職場には一握りの宝ともいえる社員がおり、他の社員は彼らに意識を高められ、まずは失敗を恐れず試すことを学ぶ。次には質が向上し、素晴らしい仕事ができるようになる。その結果、今までの自分と異なる高い境地に達することができるようになると諭している。目的を持ち、先ずは試すことの大切さを述べている。

稲盛和夫（87）

経営の神様稲盛の経営論は、仏教の教えを経営に応用したもので、端的に言えば宇宙の流れと調和しながら、利他の精神で経営していくということである。他には、金儲けではなく、人間として何が正しいかを自問しながら経営していくことの大切さを述べている。他の人が言えば眉唾ものだが、薩摩の人、稲盛が言うとそれは崇高な理念となり、皆がついていく。正に西郷隆盛を彷彿させる彼である。無私の心は薩摩の風土が生み出したものであろう。なかなか彼のような経営者はいない。中村天風にも通じるものがある。（彼は残念ながら令和4年10月天に召された。惜しい人を私たちはなくした）

坂本光司（88）

著者は元法政大学大学院政策創造研究科教授。企業研究や頑張る中小企業３０００社の研究から、好業績をあげている会社の特徴は①社員とその家族を大切にする②外注先、下請け企業の社員を幸せにする③顧客を幸せにする④地域社会を幸せにし、活性化させる⑤株主を幸せにするであった。これは松下幸之助の精神と重なるところが大である。決して、株主優先ではないのだ。

彼は３０００社の中でも業績、評判トップ5の会社を特に紹介している。日本理化学工業株式会社、伊那食品工業株式会社、中村ブレイス株式会社、株式会社柳月、杉山フルーツであるが、彼の上を紹介する文章を読み進める内に筆者は号泣、号泣の連続であった、社長が、社員らが実に素晴らしい。儲けなど金輪際誰も考えていない。ひたすら、顧客、その家族、地域のために全員が全力投球である。自分から残業を、会社内清掃を厭わない。

組織はなるべく正式雇用、障害者を率先して採用する（実は障害者を率先して採用する会社は業績が伸びるという正式論文がある）、健常者は彼らを温かく指導・育成する、たとえ病休しても給料を全額支給するなど信じられない内容の連続であった。これらの話は本当だろうかと思わせる内容ばかりであった。筆者は読み進める内に恥ずかしくなった。自分はまだまだ俗気が十分抜けていないと痛感させられた。近い招来、引きこもり、他の障害の方が履歴書なしで勤務できる会社を自分でも作ろうと思わせる坂本教授の熱い熱い力強い文章であった。五体不満足、海賊と呼ばれた男に続いて号泣させせれらた名文であった。

マルコム・グラッドウェル（訳　勝間和夫）（89）

彼は、天才は生まれつきの才能に加え、それに磨きをかける機会を得て初めて生まれる、しかも1万時間以上の途方もない時間が必要と言い切っている。才能ある人は実は多くいる。彼はIQ180以上の大天才クリス・ランガンの悲劇を紹介している。彼の悲劇の理由は色々あるが、先ずは親の協力がなかったこと、教師に可愛がられなかったこと、引っ込み思案で自分を表に出す技術・交渉術に恵まれなかったこと、人望がなく周りの協力を得にくかったこと、自分を愛していなかったことなどであった（野口英世と比べるとよくわかる。彼は　皆に愛され、親・教師・友人らが終始温かい情愛を彼に注いでくれた。お金もだしてもらえた。また、誰も彼に援助後の見返りを期待しなかった。彼は徳があった）。しかし、いい機会と周りの協力、途方もない努力で天才は作られるのだ。エジソンの有名な言葉、天才は99％の汗と1％のインスピレーションは有名であるが、彼も凄まじい努力をする人だった。グラッドウィルは音楽学院の学生の練習量とその後の成功を協力者の協力を得て詳細なデータを出した。国際的な音楽家は10、000時間以上の練習、国レベルの演奏家は8000時間、5000時間以下は音楽教師レベルという厳しいデータを出し皆を納得させた。それらがないために多くの分野で秀才止まりで多くの人は終わっていく。それが真実ということである。ところで、出来る人は何故過酷な練習に耐えられるのだろう。ここが肝である。もう皆さんおわかりでしょうね。

少考タイム

正解は・・・・・・自分を好きになれる人、自分を自分の未来を信じられる人、楽観的な人、体力のある人、続けられる人、神・仏を信じられる人です。まあ徳ですね。当然運も必要です。

ダニエル・ピンク（訳　大前研一）(90)

彼は、現代は、人類最初の生存を目的とした基本ソフトの次の、信賞必罰の動機づけの経済成長を主目的とした（産業革命以後の）工業化社会から、成熟社会と化し、単純なルーチンワーク以外の動機づけである、自分の内面から湧いてくるやる気（Drive）によって人は動かされていると説明する。現代社会はモチベーション3.0に既に変わっており、経営者ならびに従業員はそのことを熟知しておく必要があると述べている。現代は飴と鞭の古典的な単純な報酬のみでは人を動かせなくなっている。成功を目指す者はその大きな移動（パラダイムシフト）を熟知する必要があるようだ。

神田昌典（91）

彼は国内の成功本業界のトップランナーの一人という。成功者が述べる成功法則は、成功した人がさらに成長するためのものが多い。そこで、著者は儲けることだけに徹し、銀行通帳を毎日眺め、謙虚を嫌い、傲慢に徹したという。心の満足よりまずはお金儲けに徹した。その方法は「目標を紙に書くこと」である。そして、毎晩それを見てニタニタすることだという。紙に目標を書くと脳は必ず目標を実現するための答えを見つけ出すという。この本は成功したいが目標とかやりたいことがわからないという人に向いているという。本書の副題は「お金と自由をもたらす8つの習慣」である。それらは①やりたくないことをみつける②自分にかける催眠術③自分に都合のいい肩書を持つ④非常識的情報獲得術⑤殿様バッターのセールス⑥お金を溺愛する⑦決断は思い切らない⑧成功のダークサイドを知る、である。ややひねた成功の方法であるが人気があるという。本書はマーケティングとセールスをうまくやるための本である。

4　結び

以上自説と過去の偉人たち、有名な成功本から引用の成功法を紹介した。いずれにしろ、成功する秘訣はそう多くなく、かなり似通っているようだ。それらを我がこととして実践するかどうかであろう（失敗者にはそれぞれのたくさんの理由があるだろう）。人生成功の秘訣とは、大きな目標を立て、己を愛し、己を信じ、未来を信じ、人のために生きていくという崇高な目標のために粘り強くひたすら努力する。自分一人では功少なく、人に愛され、仲間に助けて頂く。そうすれば夢は叶うはずである。徳を積むことが大切である。とにかく人生は一回きりである。ひねくれず素直に実直に堅実に粛々と真面目に生きていこう。皆さんの成功を祈る。

２０２２年10月23日

5　文献

（1）脇元　安：素晴らしきかな人生　人として生まれたことの本当の喜びについて　文芸社　２０１１年
（2）D・カーネギー：人を動かす　創元社　１９９９年
（3）アンソニーロビンス（本田健訳）：一瞬で自分を変える法　三笠書房　２００６年
（4）ナポレオン・ヒル（田中孝顕訳）：成功哲学１－403p　きこ書房　２０１６年
（5）スティーブン・R・コビー：七つの習慣　キングベアー出版　２０１３年
（6）ゲイリー・ジョン・ビショップ（高橋拓哉訳）：あなたはあなたが使っている言葉でできている　Discover　２０１８年
（7）アンソニー・ロビンス（監訳河本隆行）：人生を変えた贈り物　14p、42p　Seiko Shobo　２００５年
（8）水野俊哉：成功本50冊超読書術　ゴマブックス株式会社　２０１８年

(9)貝塚茂樹：　論語　講談社現代新書　１９６４年
(10)桑原晃弥：スティーブ・ジョブス語録35ｐ　ＰＨＰ　２０２１年
(11)ゲイリー・ジョン・ビショップ（高橋拓哉訳）：あなたはあなたが使っている言葉でできている
129ｐ、180ｐ-184ｐ　Discover　２０１８年
(12)長谷川ミナ：ＰＨＰスペシャル11月号増刊号　人生がうまくいく言葉の力：
「思考のクセ」を変える言いかえ術　41-49ｐ　ＰＨＰ研究所　２０２１年
(13)アンソニーロビンス（本田健訳）：一瞬で自分を変える法　３ｐ
三笠書房　２００６年
(14)脇元　安：素晴らしきかな人生　74ｐ　文芸社　２０１１年
(15)乙武洋匡：五体不満足　講談社　１９９８年
(16)①ニック・ブイチチ（渡邊美樹完訳）：それでも僕の人生は「希望」でいっぱい
三笠書房　２０１１年
②ニック・ブイチチ（解題者青木仁志）：神様に教えてもらった負けない心のつくり方

アチーブメント株式会社　２０１７年
(17) 金子丑之助原著：日本人体解剖学上　10ｐ　南山堂　２０２０x年
(18) 稲盛和夫：生き方　第四章利他の心で生きる　171-208ｐ　サンマーク社２００４年
(19) エドワード・O・ウィルソン（著）、小林 由香利（翻訳）：
ヒトの社会の起源は動物たちが知っている：「利他心」の進化論130-154ｐ
ＮＨＫ出版　２０２０年
(20) 工藤綏夫：キルケゴール　122ｐ　清水書院　１９６６年
(21) ゲイリー・ジョン・ビショップ（高橋拓哉訳）：あなたはあなたが使っている言葉でできている
12-39ｐ、55ｐ　Discover　２０１８年
(22) ①桑原晃弥：スティーブ・ジョブス語録1-10ｐ、34ｐ　ＰＨＰ　２０２１年
②ウォルター・アイザックソン（訳　井口耕二）：スティーブ・ジョブスⅠ　Ⅱ
講談社　２０１５年
(23) ①ナポレオン・ヒル：成功哲学　15ｐ　産業能率大学出版部刊　１９７７年

②ナポレオン・ヒル（訳　田中孝顕）：思考は現実化する　89－106p
きこ書房　1999年
(24) ジェリー・ポラスら（宮本喜一訳）：ビジョナリー・ピープル
ゴマブックス　27－327p　2018年
(25) ゲイリー・ジョン・ビショップ（高橋拓哉訳）：あなたはあなたが使っている言葉でできている
12－31p　Discover　2018年
(26) 稲盛和夫：生き方　171－208p　サンマーク出版　2004年
(27) ①アンソニー・ロビンズ：一瞬で自分を変える法　14、53p
三笠書房2006年
(28) Testosterone: 筋トレが最強のソルーションである　1－233p　ユーキャン2016年
(29) ロバート・キヨサキ（白根美保子訳）：金持ち父さん貧乏父さん　9－71p
筑摩書房　2013年
(30) 天堂晋助：陳勝・呉広の反乱（王侯諸相いずくんぞ種あらんやを紹介している）

河出新社　2004年
(31) 高村光太郎全集 第十九巻　道程　筑摩書房 1996年
(32) アンソニー・ロビンズ：一瞬で自分を変える法　32p　三笠書房2006年
(33) ①山下 英尚：　脳科学事典「アパシー」　2012年
②上島国利他：気分障害　アパシー　484-485p　医学書院　2008年
(34) ①アンソニー・ロビンス（監訳　河本隆行）：人生を変えた贈り物　102-103p
Seiko Shobo　2005年
②池田光：中村天風　めげない　ひるまない　立ち止まらない　104-107p
三笠書房　2019年
(35) 岡田尊司：スマホ脳　文藝春秋　2016年
(36) ①池内　紀：カント先生の散歩　潮出版社　2013年
②西牟田久雄，浜田義文 訳『カント：その生涯と思想』法政大学出版局．1983年
(37) 日本大百科全書（ニッポニカ）：「煩悩」　小学館　2004年

(38) 三島和夫：レコーディング快眠法　朝日新聞出版　2015年
(39) ジョン・J（訳　野中香方子）：脳を鍛えるには運動しかない
NHK出版　2019年第30刷
(40) 平馬直樹ら：東洋医学の教科書48-49p　ナツメ社　2014年
(41) 谷川俊太郎・加藤俊明：呼吸の本　サンガ2010年
(42) ①稲盛和夫：生き方　171-208p　サンマーク出版　2004年
②アンソニー・ロビンス（クリス・岡崎訳）：アンソニー・ロビンスの「成功法」30p
PHP2014年
③ピーター・セージ：自分を超える法244-246p　ダイヤモンド社2011年
(43) ジェリー・ポラスら（宮本喜一訳）：ビジョナリー・ピープル　27-246p
英治出版　2007年
(44) 水野俊哉：成功本50冊超読書術　261p　ゴマブックス株式会社　2018年
（さとうみつろう：　神さまとのおしゃべり　ワニブックス　2014年）

(45) イザヤ・ベンダソン：日本人とユダヤ人　角川文庫　1971年12版
(46) ドリーン・バーチュー（宇佐和道訳）：アースエンジェル革命74-81p　2014年
(47) 日本大百科全書（ニッポニカ）：「徳」小学館　2004年
(48) ピーター・セージ：自分を超える法240-244、249-250p　ダイヤモンド社2011年
(49) 吉川幸次郎：論語　上　18p　朝日選書　1996年
(50) ゲイリー・ジョン・ビショップ（高橋拓哉訳）：あなたはあなたが使っている言葉でできている
14、65p　Discover　2018年
(51) さとうみつろう：神さまとのおしゃべり　38-55p　ワニブックス　2014年）
(52) 水蓮：人生がうまくいく言葉の力　運がどんどん良くなる「ことだま」の力　18-25p
PHPSpecial　11月号増刊号　2021年
(53) ゲイリー・ジョン・ビショップ（高橋拓哉訳）：あなたはあなたが使っている言葉でできている
14-16p　Discover　2018年
(54) 越前敏弥訳：クリスマス・キャロル　角川文庫　2020年

(55) 岸見一郎・古賀史健：嫌われる勇気 ダイヤモンド社 2013年
(56) 伊藤良子編著 田畑洋子・治：臨床心理学 ミネルバ書房 2009年
(57) 脇元 安：素晴らしきかな人生 文芸社 2011年
(58) 千田 保：真面目の崩壊 サイマル出版会 1991年
(59) 百田尚樹：海賊と呼ばれた男 講談社 2014年
(60) 映画：チップス先生さようなら Turner Entertainment Co. and Warner Bros. 1969年
(61) 児玉光雄：好きと得意で夢をかなえる——大谷翔平から学ぶ成功メソッド 河出書房新書 2021年
(62) 脇元 安：素晴らしきかな人生 136p 文芸社 2011年
(63) 栗原 俊雄：特攻——戦争と日本人 中公新書 2015年
(64) 三脈：筆者は金脈人脈血脈のことと理解していたが、辞書にはない。中脈、右脈、左脈の記載はあった。しかし、生きていくには金脈人脈血脈は大切であろう。
(65) 司馬遼太郎：項羽と劉邦 新潮文庫 2005年

(66)平井伯昌：世界でただ一人の君へ　新人類北島康介の育て方
幻冬舎　2004年
(67)マルコム・グラッドウェル（訳　勝間和夫）：天才！成功する人々の法則　42-49p
講談社2009年
(68)アンソニー・ロビンズ（監訳　河本隆行）：人生を変えた贈り物
あなたを「決断の人」にする11のレッスン　69p　SEIKOU SHOBO 2005年
(69)ゲイリー・ジョン・ビショップ（高橋拓哉訳）：あなたはあなたが使っている言葉でできている
135-152p　Discover　2018年
(70)アラン（小林秀雄訳）：精神と情熱に関する81章　創元ライブラリー　1997年
(71)バートランド・ラッセル（片桐ユズル訳）：バートランド・ラッセル著作集第6巻・
幸福論　みすず書房1959年
(72)ヒルティ（草間貞雄訳）：幸福論　岩波文庫　1961年
(73)日本大百科全書：「幸福論」　2014年

(74)中野幸次：ソクラテス　清水書院　２０００年
(75)中野幸次：プラトン　清水書院　２０００年
(76)中野　明：マズロー心理学入門　アルテ　２０２１年４刷
(77)長谷川　宏：新しいヘーゲル　講談社現代文庫１９９７年
(78)水野俊哉：成功本50冊超読書術　ゴマブックス株式会社　２０１８年
(79)デール・カーネギー（訳　山口博）：人を動かす　149-258ｐ　創元社　１９９９年
(80)スティーブン・R・コヴィー：完訳７つの習慣３-494ｐ　キングベアー出版　２０１３年
(81)ナポレオン・ヒル（訳　田中孝顕）：思考は現実化する５-403ｐ　きこ書房　１９９９年
(82)アンソニー・ロビンス（訳本田健）：「世界No.1カリスマコーチが教える一瞬で自分を変える方法」16-154p　三笠書房　２００６年
(83)チャールズ・C・エバレット（竹内均）：人生修養　力強く生きる知恵と行動学　三笠書房　１９８６年

(84)ジェリー・プラスら：ビジョナリー・ピープル（訳宮本喜一）4-328p
英治出版　2007年）
(85)中村天風：「君に成功を贈る」日本経済合理化協会出版局　14-236p　2001年
(86)デイル・ドーデン（訳　中村佐千江）：「仕事は楽しいかね」最終講義6-238p
きこ書房　2012年
(87)稲盛和夫：生き方　サンマーク出版　2004年
(88)坂本光司：日本でいちばん大切にしたい会社　あさ出版　2008年
(89)マルコム・グラッドウェル（訳　勝間和夫）：天才！成功する人々の法則　42-49p
講談社2009年
(90)ダニエル・ピンク（訳　大前研一）：「モチベーション3.0　持続する「やる気！」をいか
に引き出すか」1-207p　講談社　2015年
(91)水野俊哉：成功本50冊超読書術43　229-231p
ゴマブックス株式会社2018年　（43神田昌典：成功者の告白　5年間の起業ノウハウを

3時間で学べる物語　講談社　2004年）

究極の人生成功の心理学

2023年5月25日　第1刷発行

著　者　脇元　安

発行所　銀河書籍
〒590-0965
大阪府堺市堺区南旅篭町東4丁1番1号
TEL 072-350-3866
FAX 072-350-3083

発売元　星雲社（共同出版社・流通責任出版社）
〒112-0005
東京都文京区水道1丁目3-30
TEL03-3868-3275
FAX03-3868-6588

ISBN978-4-434-32104-7 C0036